A Collection Of Thoughts
사색의 모음집

A Collection Of Thoughts

Written and Illustrated by Allison Kim

Translated by Michelle Kim & Jean Lee

사색의 모음집

글/그림 김단비

번역 김정은 & 이지은

Acknowledgements

A collection of thoughts, strung together

Many words written and more to come

These pieces have come to life

For you to spark your imagination

June, 2023

시인의 말

생각을 모아 많은 언어들을 엮었고
더 많이 엮으려고 합니다.
생명이 불어넣어진 이 조각들은
당신의 상상력을 밝혀줄 것입니다.

2023, 유월

CONTENTS

Shackled in Silence	08	Chance	54
Nine Lives	10	Back to Default	56
What If	12	Baby's Breath	58
I Love You [1]	14	Janus	60
Jealousy	16	Forgotten	62
Walls	18	Senioritis	64
Gone Girl	20	Truth Serum	66
I Love You [2]	22	More	68
Masquerade	24	Prisoner	70
A Web of Words	26	Karma	72
Devotion	28	Deafening Silence	74
A Cage	30	Ephialtes	76
Heartache	32	Ma Douce	78
Lost and Found	34	Celestial View	80
Terrors of A Mermaid	36	Two-Faced	82
Boa Constrictor	40	Addiction	84
Backstabber	42	Pot of Gold	86
Misery	44	Puppeteer	88
All Too Well	46	Covert Eyes	90
Medusa	48	Moon	92
Noir Et Blanc	50	Time	94
Mercy	52		

차 례

침묵하게 하는 족쇄	09	기회	55
아홉 개의 삶	11	원상 복귀	57
만약에	13	안개꽃	59
당신을 사랑합니다 [1]	15	야누스	61
질투	17	망각	63
장벽들	19	졸업반 증후군	65
사라진 소녀	21	진실의 묘약	67
당신을 사랑합니다 [2]	23	더 많이	69
가장무도회	25	죄수	71
거미줄	27	업보	73
헌신	29	귀청을 찢는 침묵	75
새장	31	에피알테스	77
상심	33	마 두 스	79
분실물 보관소	35	천공의 경치	81
인어의 공포	38	양면	83
보아뱀	41	중독	85
배신자	43	황금 항아리	87
불행	45	꼭두각시 조종사	89
이 모든 걸 너무 잘	47	은밀한 눈길	91
메두사	49	달	93
느와르 에 블랑(흑백)	51	시간	95
자비	53		

Shackled in Silence

She is suffocated

Her soul wrapped in chains

Choking for life

Dragged across the mud

It's fighting for its chance

Her thoughts silenced

Her feelings discarded

These men say she has a voice

But they crush her soul and body

This child in her cannot grow

Caught in the crossfire of her youth and errors

The guilt and regret will always be there

Under the scar of tarnished maternal love

This is a step she must take

"Forgive me father for I have sinned

Taken a life

To continue with mine"

침묵하게 하는 족쇄

숨이 막힙니다.

영혼은 사슬에 묶여 질식합니다.

그녀의 영혼은 진흙탕에 끌려다니며

순간의 기회를 위해 견딥니다.

생각들은 침묵이 되고

감정들은 무시됩니다.

그 남자들은 그녀가 존재한다고 하지만

그녀의 영혼과 몸을 부숴버립니다.

그녀의 젊음과 실수는 그녀 안의 생명을 지워버리고

변색된 모성애의 상처로

죄책감과 후회는 항상 그 자리에 맴돌 것입니다.

그녀만의 온전한 삶을 위해 해야 하는 것은

오직 앞으로 나아가는 것

"신이시여, 생명을 앗아간 저의 죄를 용서하시어

저를 살아가게 하소서."

Nine Lives

I could feel the stares

Slice through me

The silent judgment was numbing

Why won't they say

What they think of me

Their words were scalding

Burning my soul and

Skinning my mind

Their freezing apathy

Pushed me off the edge

I took a taste of their world

And found the poison of their malice

Was coursing through my body

My thoughts and feelings are loud

They drowned me

My heart so fragile and torn

It shattered at glance

The urge to know is too strong

And I wished I hadn't asked

Cause we all know

"Curiosity killed the cat"

아홉 개의 삶

나를 자르는 시선들을 느낍니다.
침묵의 심판은 나를 얼려버립니다.
왜 그들은 침묵할까
나에 대해 어떻게 생각하는지
그들의 말에 데이고
영혼을 태우고
마음은 헐어버립니다.
그들의 얼어붙은 무관심에
벼랑 끝으로 몰립니다.
그들의 세상을 맛보았을 때
그들의 악을 품은 독이
온몸에 퍼져갑니다.
내 생각과 감정의 소용돌이가
나를 익사시킵니다.
연약하고 찢어진 심장은
눈길 한 번에 산산조각 깨어집니다.
충동적인 궁금증이 너무 강해서
물어보지 않았으면 좋았을 것을.
호기심은 목숨이 아홉 개인 고양이도
죽인다는 데 말입니다.

What If *

Sprinting through the woods away from home, I weave in and out of despair Bang! Bang! Bang! Bang!
My heard screams in my ears while tears stream down my face, bleeding fears Bam! Shot alone in the dark
To survive from those who hunt me, the ones who've wronged me, I must live Bam! The shotgun goes off
A disguise to hide me from the two men who chase after my wealth, on my own Bang! Bang! Bang! Bang!
    Could I forgive them for their actions? Their childhood isolated them from society

    Like a deserted island

    Like a phone line

    Like a fly, their lives

    Was cut way too short

    But what about mine?

* Based off the non-fiction novel 'In Cold Blood'(published in 1966) which follows the true crime case of the Clutter family in Kansas(1959).

만약에*

집에서 떨어진 숲속을 질주하며, 절망 속에 이리저리 헤매고 있습니다. 탕! 탕! 탕! 탕!
귀에서 내 비명이 울리고 얼굴에 눈물이 흐르고, 두려움이 피처럼 흐릅니다. 탕! 어둠 속 흐느낌을 맞습니다.
나를 사냥하는 사람들, 나를 해한 이들로부터 살아남기 위해 탕! 총성이 울립니다.
나의 부를 쫓는 두 사람으로부터 숨기 위해 변장을 합니다. 오, 못이 혼자서 탕! 탕! 탕! 탕!
그들의 악행을 용서해도 될까요? 그들이 어린 시절 사회로부터 고립되었기 때문에

마치 버려진 무인도처럼

절령버린 전화선처럼

파리처럼, 그들이 삶은

너무나 짧았습니다.
하지만, 나의 삶은?

* 이 시는 1959년 캔자스주에서 일어난 강도에 의한 가족 살인사건을 바탕으로 1966년에 출판된 범죄소설 《In Cold Blood》를 읽고 쓴 시입니다.

I Love You [1]

I hate that

You won't say sorry

You didn't hurt as I did

You were ok

With walking away

You left me in pieces

Like broken glass on the floor

You set out to stomp all over my heart

You toyed with me

Saw it as a game

Fed me overgrown lies

Until you casted me aside

The worst part is

I don't hate you

That much

당신을 사랑합니다 [1]

나는 그게 싫습니다.
당신은 미안하다고 말하진 않겠지요.
나처럼 상처를 입진 않았네요.
당신은 괜찮더군요.
그냥 떠나면 됐으니까요.
당신은 나를 산산조각 내버렸습니다.
바닥에 깨어진 유리처럼요.
당신은 나의 마음을 짓밟으려고
나를 가지고 놀았습니다.
마치 게임을 하는 듯이
넘쳐나는 거짓말로 나를 채워버렸습니다.
나를 버릴 때까지
가장 최악인 건
나는 당신을 미워하지 않습니다.
그렇게 많이는

Jealousy

Envious and greedy
Overflowing with self-hatred
Wishing the worst on others
Preying on their misery
To bring yourself up
You eye their rich
Dreaming it was you

Knowing that you deserve more
What you have is not enough
Coveting for what others have earned
Envious for what you don't have
Greedy for what you don't deserve
Your mind drowning in words
Of self-inflicted mayhem

질투

부러움과 탐욕은
자신에 대한 증오로 넘쳐나고
다른 사람들의 최악을 바라고
그들의 불행을 잡아먹습니다.
자신의 성공을 위해
타인의 부에 눈길을 주며
자신이기를 꿈꿉니다.

더 받을 자격이 있다고 믿기에
자신이 가진 것은 충분치 않아
다른 사람들의 것을 탐냅니다.
자신이 가지지 못한 것에 대한 부러움
자신이 받을 자격이 없는 것에 대한 탐욕
당신은 스스로 자처한 상처의 말들에
가라앉아 버립니다.

Walls

A seedling took root in the pits of her heart

But before it could bloom, she stomped it out

Unable to let it grow

And yet she wonders why

She's always lonely

장벽들

씨앗 하나가 그녀의 마음 깊은 곳에 뿌리를 내렸습니다.

꽃을 피우기도 전에 그녀는 짓밟아 버렸습니다.

그냥 자라게 할 수는 없었습니다.

아직도 그녀는 왜 그랬는지 알 수 없습니다.

그녀는 늘 외롭습니다.

Gone Girl

She stands tall, pride unbroken

Life hanging on its thread

She has no power to stop it

An endless death she bursts into flames

Ashes fall, leaving despair

From it she emerges once more

사라진 소녀

꼿꼿이 서있습니다, 부러지지 않는 자존심으로

목숨은 한 가닥 실 끝에 매달려

막을 힘조차 없습니다.

불꽃 속 무한한 죽음 속에 그녀는 스러집니다.

재가 흩날리며 절망만 남기고,

그녀는 그 안에서 다시 태어납니다.

I Love You [2]

I wish you wanted me

The way I wanted you

The chance we lost

Over stupid things

When we had that final fight

The hope I had

Died out

The dreams we had

Gone in a second

Just because I didn't know you wanted me

당신을 사랑합니다 [2]

당신이 날 원했으면 좋겠습니다.
내가 당신을 원했던 것처럼
우리는 기회를 잃어버렸습니다.
사소한 것들 때문에
우리의 마지막 싸움에
내가 가졌던 희망은
소멸해 버렸습니다.
우리가 가졌던 꿈들은
순식간에 사라졌습니다.
당신이 나를 원하는지 몰랐기 때문에

Masquerade

Forced smiles

Plastic emotion

And false reassurance

You put on a show

To mask your true intention

You go on with your day

As everyone stares

You scoff at their hypocrisy

As if they've never worn a mask of malice

Instead, they judge you

And silently tear you with their veracity

And not a single word spoken

Watching every step you make

They put their bows up

Nocked with an arrow of truth

They stare and pierce your mask

Hopelessly

You

Bleed

To

Death

가장무도회

가식적인 미소

플라스틱 감정

그리고 거짓된 안심

당신은 쇼를 합니다.

진정한 의도를 숨기기 위해

당신은 평범한 일상을 보냅니다.

모두가 당신의

움직임을 보고 있기에

당신은 그들을 비웃습니다.

마치 그들은 악의적인 가면을 쓴 적이 없다는 위선을

대신에 그들은 당신을 판단하고

그들의 진실로 당신을 조용히 찢어버립니다.

한마디 말도 없이

당신의 모든 발걸음들을 주시합니다.

그들은 활을 들어

진실의 화살로 겨냥합니다.

그들은 당신의 가면을 응시하고 꿰뚫어

절망 속의

당신은

피를 흘리며

죽습니다.

A Web of Words

A never ending

Maze of citadel

Woven carefully

In tangled string

These tiny lies

Put together

To paint a perfect picture

But nothing's ever perfect

Each one flowing out

In a torrent

I can't stop myself

If I confess now

Would my truths be uncovered?

거미줄

끝이 없는

성의 미로

조심스레 짜여진

얽힌 실

이 작은 거짓말들을 한데 엮습니다.

완벽한 그림을 그리려 하지만

아무것도 완벽할 수 없습니다.

급류의 물살처럼 쏟아져 나와

제 자신을 멈출 수 없습니다.

지금이라도 고백한다면

저의 진실 밝혀질까요?

Devotion

Hate is chaotic
A passion that burns so brightly
It sears through your heart
With tinder of hidden secrets
It can fool you as love

Within the chaos, there is order
Those steps that bring misery
Those feelings that brew underneath
Those events that change everything
Hate is devotion

헌신

증오는 혼돈입니다.
열정은 너무도 밝게 타올라
심장을 관통하여 태웁니다.
비밀은 부싯돌에 숨기고
바보처럼 그걸 사랑이라 착각합니다.

혼돈 속에도 질서가 있습니다.
불행을 가져오는 단계
깊숙이 끓어오르는 감정
그러한 일들이 모든 것을 변화시킵니다.
증오는 헌신입니다.

A Cage

The shine in his eyes

Blinds me

The promise he made

Fools me

The mirth in his laugh

Lures me

The future he wove

Traps me

Chipping away

My grip on reality

새장

그의 반짝이는 눈

나를 눈멀게 하고

그의 약속들

나를 바보로 만들고

그의 환한 웃음

나를 유혹하며

그가 엮어놓은 미래

나를 함정에 빠뜨려

조금씩 앗아가고 있습니다.

부여잡고 있는 나의 현실을

*Heartache**

A tear trickled down my face

Another bead put into the jar

For that precious soul

Lost in the white clouds

Settling into the pits of my heart

Not enough joys

That can make me forget

How much more can I take?

---

* This poem is inspired by the work of nurses. Some will have jars with beads for every baby they deliver; pink for girls, blue for boys, and white for those who have died. This is for those who have received white beads.

상심*

눈물이 내 얼굴에 흘러내렸습니다.
또 하나의 구슬을 병에 담습니다.
소중한 영혼을 위하여
하얀 구름 속 잃어버린 구슬을
내 마음의 깊은 곳에 묻었습니다.
어떠한 기쁨에도 잊히지 않습니다.
얼마나 내가 더 감당할 수 있을까요?

---

* 이 시는 분만실에서 근무하시는 간호사분들에게서 영감을 받은 시입니다. 분만실에서 영아가 태어날 때마다 병 안에 구슬을 넣는데 여아는 분홍색, 남아는 파란색 그리고 사산아는 하얀색 구슬을 넣는다고 합니다. 이 시는 세상의 빛을 보지도 못하고 죽은 아기들을 위해 바칩니다.

Lost and Found

The sun sets and the wind settles in
You sit on the coarse sand
And let your mind wander
You wrap yourself in a blanket
As the darkness grazes your face
The thought of your future is scary
But a single thought knocks on you
And quiets the noise of self-doubt
You smile while getting up
Knowing what you have to do

분실물 보관소

해가 지고 바람이 잦아드는
거친 모래 위에 앉아
마음을 정처 없이 떠돌게 합니다.
담요에 몸을 감싸고
어둠이 당신의 얼굴을 스치면
미래에 대한 생각으로 두려워집니다.
하지만 한가지 생각이 당신을 두드리고
자신을 의심하는 소음들을 잠재웁니다.
웃으면서 일어납니다.
당신이 뭘 해야 하는지 알기에

Terrors of A Mermaid

Ocean engulfs me

Leaving behind deafening silence

That wraps me like a mummy

Holding me hostage

My sight begins to haze

And all the noise fades

Leaving behind a painful silence

In my mind I see

A better version of me

That can only be watched from afar

That has no fear of the dark

Or the unknown

Or the salty water that closes up my nose

Leaving me thrashing for air

I watch "Other Me" closely

How she confronts her fears

And leads with confidence

Uncaring and nonchalant

She takes the world by a storm

And the life I had in the sea

I want to scream

That's not who I am

The baggage of sorrow and fear

Is gone

I hold with a heavy heart

These scars are what made me

She looks over at me

A tiny smile formed on her lips

In her victory

Leaving me alone in the dark

인어의 공포

바다가 나를 삼키고
고막을 울리는 정적만 남깁니다.
미이라처럼 옭아매어
나를 인질로 잡습니다.
시야가 흐릿해질 때
모든 잡음이 사라지기 시작하고
고통스러운 고요만 남깁니다.
마음속 눈으로 본
나보다 더 나은 내 모습을 바라봅니다.
멀리서만 볼 수 있고
어둠의 공포
또는 미지에 대한 불안
아니면 코끝까지 닿는 소금물에
숨을 헐떡여도
두려움 없는 내 모습

'다른 나'의 모습을 봅니다.

그녀는 공포와 맞서고

무관심과 무심함

때로는

자신감으로

폭풍처럼

내 바다의 삶을 지배해 버렸습니다.

소리 지르고 싶습니다.

슬픔과 두려움의 짐이

사라진 건 내가 아니라고

무거운 마음으로 붙들고 있습니다.

이 상처들이 나를 만들었다고

그녀가 지켜보고 있습니다.

작은 승리의 미소가 그녀의 입가에 드리워집니다.

나를 어둠에 홀로 남겨버리고

Boa Constrictor

Women in this glorious country
Are squeezed by a Boa Constrictor
Devouring their right to speak
Choking freedom out of their body
Suffocating them with the misogyny and sexism
Binding their hands and luring them into their den
We have take drastic measures
To escape the iron grip

보아뱀

이 영광스러운 땅의 여성들은
보아뱀에 휘감겨 버둥댑니다.
언어의 자유를 삼켜버리고
자유의 숨결을 쥐어짭니다.
여성혐오와 성차별로 질식시키고
손을 묶어 소굴로 끌고 갑니다.
우리는 필사적 조치를 택해야 합니다.
강철의 손아귀를 벗어나려면

Backstabber

From the beginning

I've raced to the top

Wanting to be the best

I made it

Till I fell from grace

I hit rock bottom

My name was tarnished

From my own actions

My greed had no bounds

I aimed for the stars

But my step slipped

From my own sabotage

배신자

처음부터
정상으로 질주하던 나
최고가 되고 싶어서
최고가 되었습니다.
영광의 정상에서
바닥으로 추락할 때까지
내 이름은 더러워졌습니다.
내가 한 일들 때문에
나의 탐욕은 끝이 없어
별을 향해 조준했지만
미끄러졌습니다.
자멸하려는 배신 때문에

Misery

This pain I feel

This shame that spreads

This hopelessness

Throughout my body

Hurts my very soul

The urge to curl into a ball

And hide away from the world

Creeps up day by day

As the "views" go up

And this humiliation churns in my stomach

Slithering through every crevice

The regret I have from

Broadcasting my life to the world

With the fingers pointing

I want to tuck away

불행

내가 느끼는 고통
번져가는 수치심,
절망이
온몸에 퍼져
내 영혼에 상처를 입힙니다.
태아처럼 웅크려
세상으로부터 숨고 싶은 충동,
하루하루 쌓이는
'조회수'가 올라갈수록
수치심은 내 속을 휘저어
갈라진 틈새마다 스르르 올라옵니다.
후회합니다.
내 삶을 온 세상에 방송한 것을,
손가락질받기에
숨어버리고 싶습니다.

All Too Well

'Yes' or 'No'

Right or wrong

Our morals are unaligned

Filled with empty promises

A broken oath and shattered hearts

Picking up the pieces

Gluing them together

And watch it fall apart

Unable to mend it

This end goal we can't reach

We know it

All too well

이 모든 걸 너무 잘

'예'이거나 '아니오'

바르거나 그른

우리의 도덕성은 어긋났습니다.

공허한 약속들로 가득 차고

깨진 맹세와 산산조각 난 마음의

조각들을 주워 모아

붙여보지만

그저 무너지는 걸 지켜봅니다.

고치지도 못하고

도달하지도 못하는

이 목표의 끝

우리는 알고 있습니다.

이 모든 걸 너무 잘

Medusa

One look into her soulful eyes

And she has you entranced

Failing to notice that she had shed her golden hair

That the hiss in your ears is a song of the dead

And it rears its ugly green heads

Its beady little eyes piercing your soul

Avenging those who've wronged her

Your vision gets blurry

The pain becomes too much

Until you are no longer with the land of the living

Frozen into eternal agony

메두사

그녀의 영혼 깊은 눈동자를 한 번만 들여다봐도
그녀에게 넋을 잃습니다.
황금빛 머리카락이 흘러내린 것도
귓가의 속삭임이 죽음의 노래인 줄도
추한 녹색 머리들을 들어 올리는 것도
알아차리지 못합니다.
반짝이는 작은 눈동자가 영혼을 관통해
그녀를 해쳤던 이들에게 복수합니다.
시야가 흐릿해지고
고통은 참을 수 없게 됩니다.
현세에 더 이상 머물지 않고
영원한 고통에 얼어붙을 때까지

Noir Et Blanc

In my mind

I see splashes of color

And vibrant ideas swim through my head

But day by day

It's slowly stripped away

A piece of me disappearing

Those colors swirling down a drain

Until it leaves a bleak black and white

느와르 에 블랑(흑백)

내 마음속

여러 빛깔들의 향연을 보고

역동적인 생각들은

나의 머릿속을 헤엄치며 누빕니다.

하지만 하루하루

천천히 빼앗아 갑니다.

내 일부가 사라질 때

빛깔들도 소용돌이치며 흘러갑니다.

황량한 흑백만이 남을 때까지

Mercy

My thirst can't be quenched

My eyes dart from side to side

My heart beats to the rhythm of greed

My hands reach out into the unknown

Willing to risk it all for a bigger piece of power

My mind envisions the glory of kings

It made me ravenous

Too bad I'm stranded in the desert

Called life

자비

나의 갈증은 해소되지 않고
나의 눈동자는 이리저리 헤매고
나의 심장은 탐욕의 리듬에 맞춰 고동치고
나의 손은 알 수 없는 곳으로 뻗어 갑니다.
권력의 더 큰 조각을 얻기 위해 모든 것을 걸어볼 각오로
나는 왕들의 영광을 상상하니
탐욕스럽게 되어버립니다.
안타깝게도 나는 사막에 발이 묶였습니다.
인생이라 불리는 사막에

*Chance**

A love that never dies

Etched in the stars

The sun beams on them

While the hands of Fate

Wove their thread

And clipped it short

The hate of others tore them down

Now there's more than one barrier

Stuck between them

As he haunts the Underworld

---

* Inspired by the tragic love story of Orpheus and Eurydice.

기회*

영원한 사랑은

별들에 새겨졌고

태양은 그 위를 비춥니다.

운명의 손이

실을 엮어

짧게 잘라버렸습니다.

다른 이들의 증오가 그들을 갈라놓았기에

이제 또 다른 장벽이 생겼습니다.

그들은 벽들 사이에 갇히고

저승을 떠돕니다.

---

* 오르페우스와 에우리디케의 비극적인 사랑 이야기에 영감을 받아 쓴 시입니다.

Back to Default

I know this will be

The death of me

And all this pain isn't worth it

But I can't take myself out of this cycle

You bring me back to default

I reset every time

In this never-ending cycle

Of toxic friendship

원상 복귀

나는 알고 있습니다.
이것이 나의 최후임을
이 모든 고통이 그만한 가치가 없음을
하지만 나는 이 굴레를 벗어나지 못합니다.
당신은 나를 원상 복귀시키고
나는 매번 초기화가 됩니다.
이 끝없는 유해한
우정이라는 굴레 안에서

Baby's Breath

The rolling clouds hide the sun

A baby's breath yearns for warmth

Its pungent smell surrounds me

Clinging onto my essence

It sways in the wind

And bends at will

Shaped like the trees

Closed at night

Hiding away

안개꽃

구름이 몰려와 태양을 가리고
안개꽃은 따스함을 간절히 바랍니다.
짙은 그 꽃냄새가 나를 감싸며
고유한 내 체취를 붙듭니다.
바람에 일렁이고
고개를 숙이게도 합니다.
모양은 나무 같은 것이
밤에는 꼭꼭 닫아
숨어버립니다.

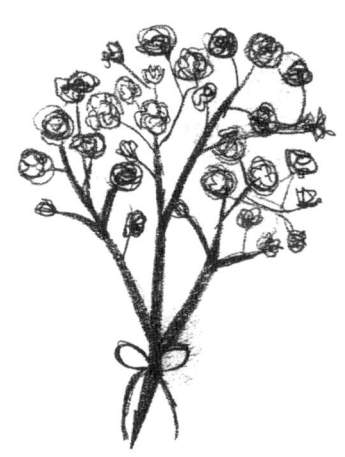

Janus

He says that it's plain and simple

A single choice

With no right or wrong

Roll the dice and watch fate unfold

Its paths could take you wherever you want

As this could change a life

Choose carefully

With such simple options

A difficult choice

He brings in new ends at beginnings

야누스

아주 쉽고 간단한

단 하나의 선택은

옳고 그름이 없다고 합니다.

주사위를 굴려 운명이 열리는 것을 보라고

원하는 곳 어디든지 데려다줄 수 있는 길이라고

한 삶을 바꿀 수 있으니

신중하게 택하라고

이렇게 간단한 선택지 중

어려운 선택

그는 시작에 새로운 끝을 가져옵니다.

Forgotten

In my twisted memories

And faded pictures

The fear of being ordinary

Haunts me till oblivion

As tangible as smoke

As noticeable as dirt

My trace on Earth

Lingers as a tiny speck of dust

망각

내 비틀린 기억들과

빛바랜 사진들 속에서

평범하다는 두려움이 사냥을 합니다.

내 존재가 소멸될 때까지

연기처럼 손에 잡힐 듯

먼지만큼 눈에 띌 듯

지구 위의 내 흔적은

작은 먼지 알갱이로 남아있을 뿐입니다.

Senioritis

Nothing

An emptiness inside my soul

My mind dripping out

Nothing

That's all I want to do

Just lie on the ground

Without a single thought

Lay in bed

While stare into the nothingness

I have no passion

No goal in sight

Just sitting around and wasting my time

Constantly tired with no motivation

Is this what I'll feel for the rest of my life?

졸업반 증후군

무(無)

내 영혼 안의 공허

내 마음이 흘러내립니다.

무(無)

오직 하고 싶은 건

그냥 바닥에 누워

무상에 빠지는 것입니다.

침대에 누워

허공을 응시합니다.

열정도 없고

목표도 없습니다.

그저 빈둥거리며 시간을 허비합니다.

끊임없는 피곤과 의욕 상실

내 남은 평생도 이럴까요?

Truth Serum

The shot of demise

Holds the balance

It's the vile that creeps

Into your world

Once it's taken

There's no going back

It festers in your blood and soul

Turning everything black

The hangman noose of lies and facts

진실의 묘약

소멸의 주사는
균형을 지키고
사악함이 스며듭니다.
당신의 세상으로
한 번의 주입은
돌이킬 수 없습니다.
당신의 피와 영혼을 곪게 하고
모든 것을 검게 물들입니다.
이것은 거짓과 진실의 올가미입니다.

More

When I see others with what I want
The desire in my blood calls out for me
To take what's theirs and make it mine
It's never enough to satisfy

더 많이

내가 원하는 것이 타인에게 있을 때
내 피 속 욕망이 나를 부릅니다.
그것을 뺏어 내 것으로 만들라고 합니다.
충족이란 결코 내 것이 아니기에

Prisoner

Torn away

Peeled back layer by layer

Thrown into a cell

Locked away without a thought

Left to rot without a way out

Both options lead in turmoil

In this twisted truth

One is no worse than the other

Given no choice

죄수

찢겨져 나가고
겹겹이 벗겨져
감방에 던져집니다.
일말의 생각도 없이 가둬지고
나갈 출구도 없이 방치됩니다.
어떤 선택이든 혼란의 도가니로 이끄는
이 비뚤어진 진실 속에서
하나라도 더 나쁜 게 없어
선택의 여지조차 없습니다.

Karma

A bitter taste in my mouth

Left me foaming at the lips

Bile creeps up my throat

As I spit out my chips

I grab my drink

To find out it was poisoned

I start coughing out hate

As my lungs begin to fail

My head begins to spin around

As I feel a piece of me stripped

Leaving behind an aching hole

업보

입 안의 쓴맛이
입술에 거품을 피웁니다.
담즙이 목구멍을 기어오르고
과자를 뱉어냅니다.
음료수를 마시고
독약이 들었음을 알았습니다.
증오를 쿨럭이며 토해냅니다.
나의 폐가 망가지기 시작하고
머리는 빙빙 돌기 시작합니다.
마치 내 일부가 떨어진 것처럼
고통의 구멍을 남기고 떠나갑니다.

Deafening Silence

Blasting music

On full volume

Too many voices

In my head

Looking for peace

In my chaotic mind

I hide away for a moment

귀청을 찢는 침묵

절정에 다다른 음악은
큰 소리를 내고
수많은 목소리들은
내 머릿속에 울립니다.
평화를 찾고 있는
나의 혼란스러운 마음속에
나는 잠시 숨어봅니다.

Ephialtes

Darkness loomed over her

As she ran past the trees

That seemed to lean towards her

And grab at her feet

A fallen tree crashed in her path

The roots seemed to crawl towards her

Before it could submerge her in its body

She awoke

With a racing heart and sweaty hands

She caught her breath with a pant

"Am I dead?"

She wondered

Not seeing the two red eyes staring straight at her

에피알테스

어둠이 불안하게 그녀를 드리우고
나무들을 지나쳐 달립니다.
그녀를 향해 다가와
발목을 잡으려고 합니다.
그녀 앞길에 쓰러진 나무의
뿌리가 그녀에게 뻗어오는 것 같았습니다.
나무 속에 묻히기 전에
그녀는 잠에서 깨어났습니다.
심장은 질주하고 손은 축축합니다.
헐떡이며
"내가 죽었나?"
궁금했습니다.
두 개의 붉은 눈이
그녀를 노려보는 것을 미처 보지 못한 채

Ma Douce

(from Earth to Mother Nature)

Oh, sweet child of mine

Do not cry now

These tears you spill

Are like sparkling diamonds

A river of paradise

All drying out

The land all shriveled

Your pockets drained

Do not cry now

This sweet world of mine

마두스
(지구가 대자연에게)

오, 내 어여쁜 아이야

이제 울지 말거라

네가 흘리는 눈물들은

반짝이는 다이아몬드 같고

낙원의 강은

모두 말랐구나

땅은 모두 시들었고

네 주머니는 텅 비었구나

이제 울지 말거라

어여쁜 나의 세상

Celestial View

Held the world in my hands

Watching the lights blink on and off

I peered too close

My curiosity too strong

My breathe sent a gust of wind

That cleaved it in the middle

Tried stitching the halves back together

But it was no use

It crumbled apart

Fading to dust

천공의 경치

세상을 내 손에 쥔 채

불빛이 깜박이는 걸 지켜보았습니다.

너무 가까이 들여다봤습니다.

강렬한 호기심으로

내 숨결이 돌풍을 일으켜

가운데를 가릅니다.

갈라진 반쪽들을 다시 꿰매 붙이려 했지만

아무 소용이 없었습니다.

산산이 부서져

먼지로 사라져 버렸습니다.

Two-Faced

Yes

I did it

All the suffering and pain

All the lies and excuses

The cries for help

The screams of chaos

A single tear

Rolled down my cheek

I looked at the carnage

I had created

Slowly I smiled

양면

네
제가 했습니다.
그 모든 고통과 아픔을
그 모든 거짓과 변명을
도움을 청하는 울음소리도
혼돈의 비명도
한 방울의 눈물이
내 뺨을 타고 흘러내렸습니다.
내가 만들어낸
아수라장을 보며
천천히 미소 지었습니다.

Addiction

I am an addict

Of love

Like a drug of pain

It pesters me

Nagging me at the back of my head

Leaving a trail of goosebumps at my heart

But it soothes my aches

And calms my qualm

For wanting it so badly

Knowing it'll hurt me

With that

I am guilty of love

중독

나는 사랑의 중독자입니다.

진통제처럼

나를 괴롭힙니다.

마음 한구석에서 잔소리해대고

심장에 소름 끼치는 자국을 남깁니다.

하지만 내 고통을 진정시키고

불안감을 가라앉혀 버립니다.

너무도 갖고 싶어

다칠 것을 알면서도

그렇게

나는 사랑의 죄인입니다.

Pot of Gold

Dripping off a spoon

Glistening in the light

With a mouthwatering scent

It pulls me in

With its perfection

My one true love

Honey

황금 항아리

스푼에서 뚝뚝 떨어집니다.
빛에 반짝이며
군침 도는 향기로
나를 매혹시킵니다.
완벽함으로
내 진정한 사랑
꿀입니다.

Puppeteer

I'm going crazy now

My once blank space

Is being splattered with intrusive feelings

Words of what I thought once was filth

Is starting to make sense

The truth in their words

I must let everyone know

The true meaning of life

It's now or never

꼭두각시 조종사

나는 지금 미쳐가고 있습니다.
한때는 비어있던 내 공간이
거슬리는 느낌으로 물들어 갑니다.
한때는 더러움으로 여겼던 말들을
이해하기 시작합니다.
그 말들에 내재된 진실을
모두에게 알려야 합니다.
인생의 진정한 의미를
지금 아니면 다시는 영영

Covert Eyes

Looking around with wary eyes
Watching the actions of the bustling people around
You watch a kid cry as he spills his ice cream
You see a couple fighting in the corner of a restaurant
A group of giggling teenagers
Pointing out the flaws in people
It's amusing to see how carefree everyone is
Can't they feel the stare of the person
behind the screen?
The woman following a child
Ready to snatch at any moment
They should be more paranoid
Because you never know what can happen

은밀한 눈길

경계심으로 둘러봅니다.
떠들썩한 사람들의
행동을 지켜봅니다.
아이스크림을 흘려 우는 아이를
레스토랑 구석에서 싸우는 연인을 봅니다.
킥킥거리는 십대들 한 무리
사람들의 흠을 가리킵니다.
모두 근심 걱정 없는 게 흥미롭습니다.
장막 뒤 사람의 시선을 느끼지 못하나요?
아이를 쫓아가는 여자
언제든 납치할 준비가 되어있습니다.
더 경계해야 합니다.
무슨 일이 일어날지 아무도 모르니까요.

Moon

The silver glow

Of a moonstone

Catches the eye

Found in a river

Hidden amongst the grey of the rocks

Slowly but surely the person holding it

Began to transform

A flickering candle burns nearby

As the girl began to read on

Dripping hot wax into a pile

Her parents quickly ushered her to bed

And slammed the book down on the table

달

월장석의
은은한 은빛이
눈길을 끕니다.
강물 속
회색 바위 사이에 숨어있는 걸 찾아내지만
그걸 가진 사람은 천천히
변해가기 시작했습니다.

깜박이며 타는 양초 옆에서
뜨거운 촛농이 흥건하도록
소녀는 책을 읽어갑니다.
부모님은 재빨리 그녀를 침대로 보내고
그 책을 탁자에 내팽개쳤습니다.

Time

It haunts us

In our lowest moments

It clings to us

On our every essence

It corners us

To our darkest secret

It mocks us

For our twisted fate

시간

쫓아옵니다.
우리가 가장 비참한 순간에
매달립니다.
우리의 모든 본질에
몰아넣습니다.
우리의 가장 어두운 비밀로
비웃습니다.
우리의 뒤틀린 운명을

A Collection Of Thoughts
사색의 모음집

초판 1쇄 발행 2024년 03월 05일

지은이 Allison Kim
펴낸이 류태연

펴낸곳 렛츠북
주소 서울시 마포구 양화로11길 42, 3층(서교동)
등록 2015년 05월 15일 제2018-000065호
전화 070-4786-4823 | **팩스** 070-7610-2823
홈페이지 http://www.letsbook21.co.kr | **이메일** letsbook2@naver.com
블로그 https://blog.naver.com/letsbook2 | **인스타그램** @letsbook2

ISBN 979-11-6054-687-3 (03810)

* 이 책은 저작권법에 따라 보호를 받는 저작물이므로
  무단전재 및 복제를 금지하며, 이 책 내용의 전부 및 일부를 이용하려면
  반드시 저작권자와 도서출판 렛츠북의 서면동의를 받아야 합니다.
* 잘못된 책은 구입하신 서점에서 바꾸어 드립니다.